栽培の教科書シリーズ

ビカクシダ

独創的な草姿が魅力の
ビザールプランツ

ナチュラルな造形の美を育む。

熱帯のジャングルなどに自生するビカクシダ。
樹木に着生して葉を広げる姿は独創的で美しい。
原種のほか、園芸品種も数多く登場し、
インテリアグリーンとして確固たる地位を築きはじめている。

四季のある日本で育てると、
自生地での姿とはまた少し違った株に生長する。
長年にわたり、適切な環境で育て、
理想的な姿に仕上げていく楽しみがある。

ビカクシダは種類のバラエティーが豊富で、
葉の形状やサイズ、質感などはさまざま。
栽培には、まずはその品種の特徴を知ることが大切。
理解することで、美しく育てることが可能になる。

CONTENTS

Basic knowledge of Staghorn ferns

CHAPTER

1

ビカクシダの基礎知識

栽培において一般的な草花とは異なる点が多いビカクシダ。
実際に育てる前に、原種の種類や自生している場所、草体の
構造などを知っておこう。基礎的な情報を把握しておくだけで、
失敗が少なく、スムーズに栽培することができるはずだ。

ビカクシダってどんな植物?

ビカクシダの構造

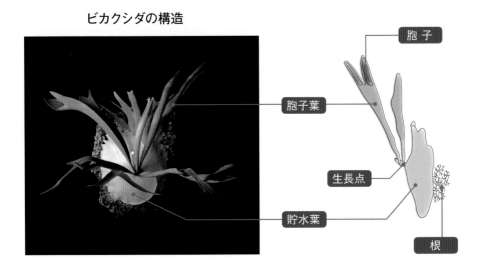

胞子

胞子葉

生長点

貯水葉

根

　ビカクシダは世界各地の熱帯地域に分布する着生植物。コウモリランとも呼ばれるが、ランの仲間ではなくシダの仲間だ。シダ目ウラボシ科ビカクシダ (Platycerium/プラティケリウム) 属に分類される。和名のビカクシダは漢字で「麋角羊歯」と書く。麋 (ビ) とは中国に古くから伝わる空想上の動物で、その姿は大きなシカのようだと伝えられている。一方、英語では「Staghorn Fern」と呼ばれ、分岐して伸びる葉が、立派なシカの角にたとえられている。

　ビカクシダの葉は、大きく2種類に分けら

れるのが特徴といえる。シカの角のように伸びる「胞子葉」と、根を包むようにして展開する「貯水葉」だ。胞子葉は、品種によって左右に広がるものや細く垂れ下がるものなどがあり、日光を求めて飛び出すように広がって光合成をするほか、成熟すると葉の後ろに胞子をつける。また、多くの種類で葉の表面が星状毛と呼ばれる白い毛に覆われている。これは強力な日ざしの保護や過剰な水分の蒸散を防ぐなどの役割がある。胞子葉は数カ月から2年程度で黄色く変色し、やがて葉の付け根から抜け落ちる。

胞子葉

シカの角のような形をした葉が展開する。品種によって幅が太くて短いタイプや細長いもの、上向きや下向きのものなどがある。また、表面を覆う星状毛の量などによって色彩や質感も異なる。

貯水葉

その名の通り、水分を蓄える葉が貯水葉。根元のまわりに広がって株を支えている。根を包み込む丸型タイプのほか、上部が広がる冠タイプがある。

胞子嚢

株が成熟すると、胞子葉は鹿角状に深裂し、葉の裏側に胞子嚢群をつける。品種によって葉の形状や胞子嚢のつきかたはさまざま。胞子をつける専用のスプーン状の葉をもつ品種もある。

星状毛

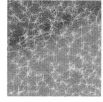

葉の表面、数本の細かい毛が四方に伸びる星状毛。強力な日光から葉を守る。

子株

親株の脇から小さな子株が発生する。子株で増殖しない品種もある。

貯水葉は、株元に張りつくようにして生長する葉で、外套葉、裸葉とも呼ばれている。根元を丸く覆うタイプや上部に葉先を広げる冠タイプなどがある。貯水葉の伸びはじめは緑色だが、生長し終えると枯死して茶色に変色する。枯死した貯水葉は水分を保持する能力があり、根を乾燥から守る働きがある。また、多くの種類で貯水葉の上部がロート状に広がっているのは、雨粒などの水分を根元に運ぶほか、上から落ちてくる虫や鳥の糞、落ち葉などをかき集める役割も。これらの有機物はやがてバクテリアによって分解され株の養分になるのだ。地中に根を張らないため、土からの養分吸収ができないビカクシダならではの生き残り戦略といえる。

このほか、株の中心部になる生長点はビカクシダにとって一番大切な器官で「リゾーム」と呼ばれる。すべての葉はここから発生し、根も生長点の内側から伸びている。ここを傷つけると命取り。状態を見るときもこの生長点がしっかりしているかを確認するとよい。また、株が生長すると、品種によっては親株のまわりに子株が出てくる。群生させて大株にしたり、分けて株を殖やすこともできる。

熱帯域に自生する原種

ビカクシダの分布

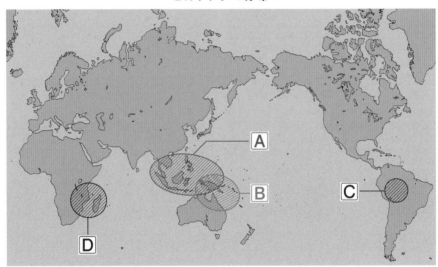

　ビカクシダの原産地は東南アジアやオセアニア、アフリカ、南米の熱帯地域に広く分布している。そこに自生している原種は全部で18種類。この18種類を地域のグループごとに分けて覚えると、ビカクシダの全体像が把握しやすくなる。

　本書では、世界地図上の4つの地域に分けて原種を分類している。タイやベトナム、フィリピン、インドネシアなどに自生する東南アジアグループと、オーストラリア原産のオセアニアグループ、ペルーやボリビア原産の南アメリカグループ、アフリカ大陸とマダガスカル島に分布するアフリカグループだ。

　日本から距離が最も近い東南アジア原産のビカクシダには、リドレイ、コロナリウム、グランデ、ホルタミー、ワリチー、ワンダエといった品種がある。ビカクシダのなかでも、独特な葉の形状が魅力のリドレイのほか、細長い胞子葉をよく伸ばすコロナリウム、冠状の貯水葉が特徴のグランデやホルタミーなど、状態よく栽培すると大型化する品種が多い。暑さに強いが、寒さや蒸れに弱い傾向がある。真夏はとくに風通しに気をつけ、冬は暖かい室内で管理する。

ビカクシダの原種は18種類！

A 東南アジアグループ	リドレイ	*Platycerium ridleyi*
	コロナリウム	*Platycerium coronarium*
	グランデ	*Platycerium grande*
	ホルタミー	*Platycerium holttumii*
	ワリチー	*Platycerium wallichii*
	ワンダエ	*Platycerium wandae*
B オセアニアグループ	ウィリンキー	*Platycerium willinckii*
	ベイチー	*Platycerium veitchii*
	ビフルカツム	*Platycerium bifurcatum*
	ヒリー	*Platycerium hillii*
	スパーバム	*Platycerium superbum*
C 南アメリカグループ	アンディナム	*Platycerium andinum*
D アフリカグループ	アルシコルネ	*Platycerium alcicorne*
	エリシー	*Platycerium ellisii*
	ステマリア	*Platycerium stemaria*
	マダガスカリエンセ	*Platycerium madagascariense*
	クアドリディコトマム	*Platycerium quadridichotomum*
	エレファントティス	*Platycerium elephantotis*

比較的日本の気候に近く、育てやすい品種がそろっているのがオーストラリア産のグループだ。ビフルカツムのほか、ベイチーやウィリンキー、ヒリー、スパーバムが含まれる。低温と乾燥に強くて丈夫なものが多い。ビフルカツムなど、品種によっては屋外での越冬も可能だが、美しく育てるには10℃以上をキープして栽培したほうが無難だ。また、ウィリンキーはオセアニア系統（以前はビフルカツムの亜種とされていた）とされているが、インドネシアのジャワ島などに分布しているため、耐寒性は低い。

南アメリカ原産のビカクシダは、アンディナムの1種類だ。標高の高い場所に自生しているため、暑さと蒸れが苦手。現地では胞子葉が2m以上になるが、栽培下ではそこまで大型化しない。

アフリカに自生するグループは、マダガスカリエンセやクアドリディコトマム、アルシコルネ、エレファントティス、エリシー、ステマリアの6種類。中央アフリカとマダガスカル島に自生している。比較的小型で個性的な品種が多く、人気が高い。生長期と休眠期があり、季節によって栽培方法を変えるとよい。

日本の気候に合わせた栽培

バリ島やオーストラリアで栽培されているビカクシダ。適した気候だと大株に生長する。

　熱帯地域で暮らすビカクシダを日本で栽培するには、それなりのテクニックが必要だ。大きく分けると、「光」「水」「温度」「風通し」、この4つのコントロールが重要になる。

　多くのビカクシダの自生地には明確な乾季と雨季がある。雨が少なく乾燥し、気温が高い乾季と、雨が多くて湿度が高い雨期が交互に数カ月の単位で続く。こうした過酷な環境で育つために、特徴的な体の構造に進化してきたと考えられている。おもに、雨季の間に胞子葉を伸ばして子孫を残すために生長し、また貯水葉を伸ばして水分や養分を十分に体に蓄えて乾季に備えるといった具合だ。

　熱帯地域とは異なる気候風土の日本で、ビカクシダの栽培を行うには春から夏、秋までを雨季、冬の時期を乾季と考えれば、ビカクシダの生活サイクルに合わせた、日本式の生育を期待することができるだろう。また、近年では夏の暑さが厳しくなる傾向があり、品種によっては、真夏の時期も乾季として休眠させ、春から初夏、秋から初冬を雨季として生育を促す栽培も可能だ。もちろん、ハウス栽培で一定の温度と湿度を保つことができれば、一年中株を生長させることもできる。

日当たりと風通しのよいベランダにフェンスを取りつけて複数の株を管理。雨に当たらない場所がおすすめ。

冬でも一定の温度が保てるハウス栽培。日当たりを好むが、夏期は50％、夏以外でも20％程度の遮光を行うとよい。

栽培カレンダー

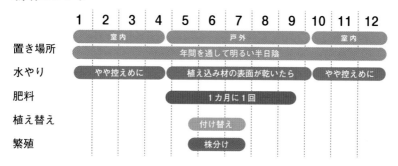

	1	2	3	4	5	6	7	8	9	10	11	12
置き場所	室内				戸外					室内		
	年間を通して明るい半日陰											
水やり	やや控えめに				植え込み材の表面が乾いたら					やや控えめに		
肥料					1カ月に1回							
植え替え					付け替え							
繁殖					株分け							

　ビカクシダは鉢植えにしても栽培できるが、本来、樹木に着生して生長する植物なので、板やコルクなどの着生材に仕立て、フェンスなどに掛けて栽培するのがおすすめ。こうすることで自然で美しい草体に生長する。

　基本的に日当たりを好むが、とくに夏の直射日光は葉焼けを起こしやすいので、遮光ネットやよしずなどで半日陰に。シダの仲間なので日陰でも大丈夫だと思われがちだが、日当たりのよい場所で育てたほうが強く、美しい姿に生長する。気温は15℃を目安にそれを下回るようになったら室内に取り入れて管理するとよい。

　とくに室内やハウス栽培では風通しが悪くなるので注意が必要だ。サーキュレーターなどで風を送るが、直接強い風を当てるのではなく、全体の空気を動かすようなイメージで風をつくるのがベスト。また、水やりは根元が乾いたら、たっぷりと与えるのが基本となる。春から秋の生長期は植え込み材の表面が乾いたら水やりし、冬の時期には植え込み材が完全に乾いてから与え、やや乾燥ぎみに育てるとよい。植え替えや株分けは、気温が安定する初夏に行うのが安心だ。

The original species of staghorn ferns

CHAPTER

2

ビカクシダ 原種18

世界の熱帯地域に自生している18の原種。ここでは日本で丹
精込めて育てられた株のみを取り上げて紹介する。個性あふ
れるそれぞれの特性を理解して、美しく育てるための栽培方
法を実践してみよう。

【DATA】の入手難易度、栽培難易度について
★☆☆☆☆（容易・やさしい）から ★★★★★（困難・難しい）までの5段階で表示

01
ORIGINAL SPECIES

WILLINCKII
ウィリンキー

イ ンドネシアのジャワ諸島などが原産のビカクシダ。地域のバリエーションが多くみられるため、コレクターのなかでは高い人気を誇る種類といえる。オセアニアグループに含まれるのは、ビフルカツムの亜種とする見解もあるためだ。

ウィリンキーは、ビフルカツムの貯水葉と胞子葉をそれぞれ長く伸ばしたような形状で、生長すると大型化する。標準的なビフルカツムよりも生長速度は遅い。貯水葉は幼株のときは丸い形をしているが、生長するに連れ上部に深く切れ込みが入り、扇のように広がるのが特徴だ。胞子葉は細長く、複数分岐して垂れ下がる。葉の表面には星状毛が密生し、角度によっては銀白色に見えることも。状態よく生長し、これらの特徴が表現された大株は、とても優雅で、インテリアグリーンとしての観賞価値が高い。

自生地は赤道直下の熱帯気候で、雨季と乾季がはっきりしている。雨季は気温30〜35℃程度でスコールによって湿度が高まり、乾季は降雨量が極端に少なく、気温が40℃くらいまで上昇するという環境だ。ウィリン

【DATA】

学 名	*Platycerium willinckii*
自 生 地	ジャワ諸島、小スンダ列島
入手難易度	★★★☆☆
栽培難易度	★★☆☆☆

胞子葉の先端がややカールするような株も見られる。

キーの生長も気候に合わせ、雨季に生長、乾季には休眠する。

　したがって、日本での栽培下においては、乾燥には強いが冬の寒さに弱いという性質がある。比較的日照を好むタイプなので、午前中の直射日光や、20〜50%に遮光した日中の日ざしを当てて育てるとよい。水やりは根元の水ゴケが完全に乾いてからたっぷり与えるようにする。また、風通しも大切で、適度に空気が動く場所に置けば、根腐れや病害虫の心配が少なくなり、強い株に育っていく。

　晩秋、気温が15℃を下回るようになったら、室内もしくは温室に取り入れ、冬越しの準備を行おう。できれば空中湿度を保った環境が理想的。気温が10℃以下になると生長が鈍るので、肥料は与えず、水やりは控えめにして乾燥ぎみに育てよう。湿度が低くなる場合は、霧吹きなどでこまめに葉水を行うとよい。

ビカクシダ 原種18
WILLINCKII

立ち上がるように上部に伸びる貯水葉。

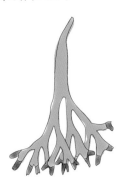

数多く分岐する胞子葉が特徴。葉裏の先端に胞子嚢をつける。

葉の表面には豊富な星状毛があり、葉色が白っぽく見えることも。

葉の先端に胞子をつける。

株の中心をなす生長点から上下にそれぞ
れの葉を伸ばすウィリンキー。日照条件
や灌水など、適した環境を整えれば、美
しいバランスで生長していく。

バリ島産（左）とジャワ島産（右）のウィリ
ンキー。産地によって胞子葉の形状が異なる。

VEITCHII

02

ORIGINAL SPECIES

VEITCHII

ベイチー

【DATA】

学　名	*Platycerium veitchii*
自生地	オーストラリア、ニューカレドニア
入手難易度	★★☆☆☆
栽培難易度	★★☆☆☆

　オーストラリア東部とニューカレドニアの樹木や岩盤に自生するベイチーは、「ビーチー」とも呼ばれる原種のひとつ。ベイチーの魅力は、何といってもその白い胞子葉だ。これは葉の表面を覆うように密生する星状毛によるもの。英名「Silver Elkhorn Fern」の由来にもなっている。星状毛は強い日ざしから葉を守ると同時に、水分蒸散を防ぐ働きがあり、乾燥した過酷な気候にも耐える仕組みになっている。太陽に向かって伸びる細長い胞子葉とともに、鋭い切れ込みをもつ貯水葉も印象的で、群生株では尖った葉がたくさん伸びて見応えのある姿になる。また、比較的小型種であり、原産地によって若干葉の色や形状が異なるため、コレクションする楽しみもある。

　日本の暑さや寒さにも強く、比較的栽培しやすい種類といえる。日照はやや強めでもOK。逆に暗い場所だと葉が間延びして形が崩れやすいので注意しよう。冬でも15℃以上保てれば生長する。最低室温が10℃以下になったら、徐々に水やりを控えめに。子株もつきやすいので、繁殖も容易に行うことができる。

細長く伸びる胞子葉。成熟するとその先端に胞子嚢群が現れる。

ベイチーの貯水葉は、上部に鋭い切れ込みが入るのが特徴。

白っぽい胞子葉が太陽に向かって鋭く伸び
る。子吹きがよいので、殖やすのも簡単。

BIFURCATUM

流木に活着させたビフルカツム。360度どこ
から見ても楽しめるスタイルに。

03
ORIGINAL SPECIES
BIFURCATUM
ビフルカツム

古くからビカクシダの代表として親しまれてきたビフルカツムは、最も育てやすい品種。入門種としても最適で、一般的な園芸店でも広く販売されている。

ビフルカツムは性質が強健で、繁殖力も旺盛なことから、オーストラリアの東海岸沿いの広い地域に自生している。胞子葉は大胆に分岐して太陽に向かって伸びる特性があり、貯水葉は上端が浅くきれ込んだ形状に生長する。

栽培環境への適応力も高く、気温の上下や日照の強弱などにも慣れやすい。とくに寒さに強いのが大きなポイントで、最低温度が10℃程度でも日がよく当たる環境であれば生長を続け、冬でも霜が降りない地域なら通年の屋外栽培も可能だ。日当たりは、半日陰からやや強めを好むが、夏場の直射日光は避けたほうがよい。子株をよく出して繁殖もしやすいのもうれしい。もともと性質が丈夫なため、どのような環境でもそれなりに育ってしまうが、より美しい姿に仕上げるなら、日当たりや風通し、適切な水やりなど、十分な環境を整えて管理してあげるとよいだろう。

【DATA】

学 名	*Platycerium bifurcatum*
自生地	オーストラリア東部
入手難易度	★☆☆☆☆
栽培難易度	★☆☆☆☆

胞子葉は分岐し、その先端に胞子をつける。貯水葉は丸型で生長すると上部に切れ込みが入る。

ビカクシダ 原種18
HILLII

04 ORIGINAL SPECIES

HILLII

ヒリー

【DATA】

学 名	*Platycerium hillii*
自生地	オーストラリア北部
入手難易度	★★★☆☆
栽培難易度	★★☆☆☆

ヒリーはオーストラリア北部原産のビカクシダで、分布域は狭く、湿った熱帯の低地に限られている。性質はとても丈夫で、繁殖力も高く、子株をたくさん出す原種だ。ビフルカツムに非常によく似ていて、両種の交配種も作出されている。

ヒリーの貯水葉は、ビフルカツムのように縁の切れ込みがなく、きれいな丸形をしているのが特徴。胞子葉は色合いが濃く、肉厚で、葉の先端部分が幅広、全体があまり長くならない。太陽に向かって上に伸びていくが、葉の重みで徐々に垂れ下がっていく。胞子葉の表面につく星状毛は少ないため、葉焼けを起こしやすく、強い日ざしの直射には注意する必要がある。夏場は50％程度の遮光を行うとよい。風通しも重要で、適度な風があれば葉焼けしにくくなる。

寒さには強く、比較的冬の寒さにも耐える種類だ。ただし、本来は熱帯原産の種類なので、冬でも15℃以上の温度を保てればベスト。低温に当てて冬越しさせる場合は、1〜2シーズンぐらいかけて徐々に寒さに慣れさせると安心だ。水やりは根が乾いたらたっぷりと与えるが、夏場の蒸れには注意したい。低温で冬越しさせる場合は水やりの回数を減らし、やや乾燥ぎみに育てるとよい。

ビカクシダ 原種18
HILLII

幅の広い胞子葉を上に向かって伸ばす。葉裏の先端に胞子がつく。

胞子葉の基部にある葉脈は黒色でよく目立つ。葉の表面につく星状毛が少ないので、直射日光に注意する。

貯水葉は平滑な丸型タイプ。根を完全に覆ってしまうので、しっかり根に届くような水やりが必要になる。

先端が分岐して上方に伸びる胞子葉。さら
に葉が生長して伸びると垂れ下がってくる。

05

ORIGINAL SPECIES

SUPERBUM

スパーバム

本の暑さや寒さにも強くて育てやすい入門種。スパーバムはオーストラリアの北東部を中心に自生するビカクシダで「スペルブム」とも呼ばれる。大型に生長する種類で、一般的な園芸店でもよく販売されているが、グランデと混同されていることも多い。十分に生長しないと胞子葉を出さないが、胞子葉は細長くいくつも分岐して垂れ下がる。胞子嚢が葉の基部にひとつつくのが特徴で、グランデの場合は胞子葉が大きな2つの裂片に分かれ、そこに胞子嚢を2つつけるという違いがある（P.55参照）。

スパーバムは弱い光から強い光まで、さまざまな日照条件に対応するが、夏の直射日光では葉焼けを起こすので、遮光ネットやよしずを使って調整する。また、寒さには強く、乾かしぎみに育てれば短期間なら冬の屋外にも耐えうるが、できれば10℃以上を維持する環境で育てたほうが無難だろう。貯水葉が更新されなくなると、株が衰弱していくので注意が必要。子株ができないタイプなので、繁殖には胞子培養を行う。植えつけや付け替えは、春から初夏に行うとよい。

【DATA】

学　名	*Platycerium superbum*
自 生 地	オーストラリア
入手難易度	★★☆☆☆
栽培難易度	★★☆☆☆

細長く垂れ下がる胞子葉が生える。二叉の基部に1カ所胞子嚢をつける。

RIDLEYI

ビカクシダ 原種18
RIDLEYI

葉脈の凹凸が魅力の貯水葉。現地では根元にアリを棲まわせることで養分を吸収していると考えられている。

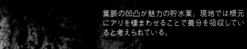

06
ORIGINAL SPECIES
RIDLEYI
リドレイ

【DATA】

学　名	*Platycerium ridleyi*
自生地	ボルネオ、スマトラ、マレー半島
入手難易度	★★☆☆☆
栽培難易度	★★★★★

　東南アジアのボルネオやスマトラなどに自生するリドレイは、人気ナンバーワンを誇るビカクシダだ。シカの角のように形よく立ち上がる胞子葉と、葉脈が浮き上がる凹凸模様が美しい貯水葉をあわせもち、それらの独特なフォルムがファンの心を惹きつけてやまない。また、現地ではアリと共生していることも、ミステリアスな生態として興味をそそられる。

　通常ビカクシダの貯水葉には上部から水を受ける能力をもつが、リドレイの貯水葉は樹皮に巻きつき余分な水をなかに入れない構造になっている。貯水するというよりも根元を乾燥から守るという機能を果たしているようだ。そのぶん、雨の水分を根に送るため、胞子葉の茎が溝状になっているのが見てとれる。根は貯水葉のなかに収まっているため、栄養分を吸収しにくい。そこで根の周辺にアリを棲まわせる代わりに、フンや食べ残しなどの栄養素を受け取るという共生関係を築いているとされる。また、アリの役割としてはリドレイにつく害虫を駆除するという働きもある。

　自生地では、樹木の高い場所に着生し、日当たりが

スプーンと呼ばれる専用の胞子葉。胞子をつけるために伸びる葉だ。

よく、通気に優れた場所を好んで生活している。そのため、栽培では十分な日ざしと風通しを確保しなくてはならない。さらにある程度の湿度も重要になるため、飼育は最も難しい部類に入る。水は根元がしっかり乾いてから与え、施肥も適宜行う。また、耐寒性が低いので冬は15℃以上をキープし、湿度の高い室内や温室内で管理するとよい。

リドレイの胞子は株が成熟するとスプーン状の専用葉につける。また、通常ビカクシダは根の先端にできる不定芽が子株に生長するが、リドレイはこのような子株はできず、親株が枯れるときに茎が枝分かれして脇芽を出し、新しい株ができる。さまざまな点で他の種類とは性質が異なっていることも、リドレイの人気が高い要因といえるだろう。

ビカクシダ 原種18
RIDLEYI

シカの角のような形で上に伸びる胞子葉。胞子は専用のスプーンにつける。

着生材を貯水葉が丸く包み込んでしまったリドレイ。光、風、水、温度、湿度を適正に保てばこのような美しいフォルムをつくることができる。

胞子葉の茎は溝状になっている。雨粒を効率よく根元に運ぶための構造だ。

生長点から発生する新芽。株の購入の際には、生長点に動きのあるものを選ぶようにする。

株の頭上に広がる胞子葉。木の高い位置に
着生するリドレイでは、強すぎる日ざしを遮
る役割も果たしている。

07

ORIGINAL SPECIES

CORONARIUM

コロナリウム

タイやフィリピン、インドネシアなど、東南アジアの熱帯地域に広く分布しているコロナリウム。大型に生長するビカクシダで、貯水葉の上端は深い切れ込みが入り、前方に張り出すように伸びる。種小名は貯水葉の形を冠（ラテン語のcorona）に見立てて名づけられている。また、下垂する胞子葉は細かく分岐し、1m以上の長さにまで生長するものもある。貯水葉や胞子葉の表面につく星状毛が少なく、ツルツルとした質感で光沢がある。

胞子葉はリドレイと同様、スプーン状の専用葉につける。また、大型種としては珍しく、子株をたくさん出す種類として知られ、生長点と同じ高さの位置に、ランナー状に子株を出すことが多い。したがって、自生地では1本の幹を複数の株でぐるりと囲んでリング状に群生する光景も見られる。

植物の体内に多くの水をため込むので、水を与え過ぎると根腐れを起こしやすいので注意が必要だ。水は根元が完全に乾いてから与えるように心がけたい。また、根がしっかり着生してしまえば比較的栽培しや

【DATA】

学　名	*Platycerium coronarium*
自生地	タイ、フィリピン、シンガポール、ベトナム、ボルネオ島、ジャワ諸島
入手難易度	★★★☆☆
栽培難易度	★★★☆☆

いくつも分岐してダイナミックに垂れ下がる胞子葉（実葉）が魅力。

胞子はすべての葉につかず、スプーン状の専用葉につける。

1m以上に伸びる胞子葉。株が成熟すると生長点から短いスプーンが出て、たくさんの胞子をつける。

コロナリウムの名前の語源となった貯水用。冠のように立派な形状に育つ。

すく、乾燥ぎみに育てれば、冬の低温にも耐えてくれる。ただ、霜に耐えられるほどの耐寒性はないので、15℃を下回るようになったら、室内や温室に取り込んで育てたほうが安心だ。

日当たりは基本的には半日陰に設置するのがおすすめで、木漏れ日のような光を好む。また、根腐れを防ぐためにも十分な風通しも大切。室内や温室ではサーキュレーターを利用して、通気をよくしたい。強風が吹くときには長い胞子葉が傷みやすいので、室内などで管理したほうがよいだろう。

ビカクシダ 原種18
CORONARIUM

生長点と同じ高さの位置に子株を出して群
生していく。

08

ORIGINAL SPECIES

WALLICHII

ワリチー

ミャンマーやマレー半島などのインドシナ地域を原産地とするワリチー。株が生長すると、幅の広い胞子葉が展開する。原種のなかでは比較的小型で、自生地での群生した姿は圧巻だ。上に大きく伸びる王冠型の貯水葉も先端に大きな切れ込みが入って立派な形状に。上方に大きく口を広げた貯水葉は、雨水や落ち葉を集める機能を果たす。胞子葉の表面には星状毛があり、水滴を集めたり、強い日光から葉を守る働きがある。

自然下ではモンスーン気候に自生しているため、高温多湿を好む傾向が強い。日本の気候ではやはり寒さが苦手。栽培株は冬になると葉を内側に丸めて、休眠体勢をとることで知られている。アフリカ原産のクアドリディコトマムも同様の性質がある。春、気温が上昇してきたら畳んでいた葉を元に戻す。

年間を通して明るい半日陰で栽培し、根元が乾燥したらたっぷりと水やりを。最低気温が15℃ほどになったら室内で管理し、胞子葉が丸まってきたら、水を控えめにしてやや乾燥ぎみに育てるとよい。

【DATA】

学 名	*Platycerium wallichii*
自生地	ミャンマー、マレー半島、インドシナ
入手難易度	★★☆☆☆
栽培難易度	★★★★☆

立派な胞子葉が横に広がる。1つの葉に対して2カ所の胞子嚢をつける。

休眠期に入る前に葉を内側に縮める。

ビカクシダ 原種18
WALLICHII

ビカクシダ 原種18
HOLTTUMII

09

ORIGINAL SPECIES

HOLTTUMII

ホルタミー

【DATA】

学 名	*Platycerium holttumii*
自生地	マレー半島、タイ、カンボジア、ラオス、ベトナム
入手難易度	★★★☆☆
栽培難易度	★★☆☆☆

マレー半島やタイ、カンボジアなど、標高700mまでの熱帯地域が原産のビカクシダ。

ダイナミックな冠状の貯水葉が魅力で、株が成熟してくると幅広の大きな胞子葉が姿を見せる。ホルタミーは大型に生長する品種だが、その他の原種、ワンダエやグランデ、スパーバムとよく似ていて、貯水葉だけだと判別しにくい。おもに胞子葉につく胞子の位置によって特定できる。また、生長点のまわりがフリル状になるのも特徴だ。

自生地ではモンスーン気候の日当たりのよい明るい森で育っているため、栽培下においても強い光と高い湿度が求められる。

年間を通して、日なた〜半日陰の場所に設置し、根元が乾いたらたっぷりと水を与える。やや寒さに弱いため、最低気温15℃を目安にして、室内か温室に取り込んで管理する。10℃を下回る冬期は水をやや控えめにして休眠させるとよい。若い芽には薬害が出やすく枯れてしまう原因にもなるので、強い殺虫剤は避けたほうがよい。

大小異なる胞子葉を展開させる。短い葉にも胞子がつく。

フリル状に広がる生長点付近の貯水葉。

10 ORIGINAL SPECIES

WANDAE

ワンダエ

【DATA】

学 名	*Platycerium wandae*
自生地	ニューギニア島
入手難易度	★★★☆☆
栽培難易度	★★☆☆☆

　ニューギニア島に自生するワンダエは、大型に生長するビカクシダの原種。現地で大きく育ったものは貯水葉だけで幅が1m以上にも及ぶ。

　生長点のまわりにフレアー状の葉を形成するのが特徴で、新しい芽が出る生長点を守っているように見える。また、胞子葉はホルタミーとよく似ていて、1枚の胞子葉から大小2つの形の異なる葉を展開させる。2つに分岐した胞子葉は、ひとつは細長く伸長して下に垂れ下がり、もう一方は短く、上向きに伸びていく。その後それぞれの葉裏に胞子嚢がつく。

　春から秋の生長期には遮光を施した日当たりの風通しのよい場所で栽培する。水の与えすぎには注意。根が湿った状態が続くと根腐れしやすい。ワンダエは高温を好むが、寒さには弱いため、状態よく株を維持するには、冬でも15℃以上で管理したい。水を切って休眠させると短期間であれば低温にも耐えるが、5℃を下回る環境では障害が出やすくなる。生長期、貯水葉に傷みが出たときには、根が弱っているケースが考えられる。

1つの葉に大小異なる形状の胞子葉を伸ばすのが特徴。それぞれに胞子嚢をつける。

フリル状に伸びる貯水葉。生長点を守っていると考えられる。

ビカクシダ 原種18
WANDAE

ビカクシダ 原種18
GRANDE

11

ORIGINAL SPECIES

GRANDE

グランデ

【DATA】

学　名	*Platycerium grande*
自生地	フィリピン・ミンダナオ島
入手難易度	★★★☆☆
栽培難易度	★★☆☆☆

　フィリピンのミンダナオ島に分布する原種。標高0〜500mに自生する大型種だ。空に向かって大きく広がる王冠のような貯水葉が特徴。胞子葉は出にくいが、現地では細長い葉が垂れ下がるように伸びる。スパーバムやワンダエなどとよく似ているが、胞子のつきかたで見分けることができる。グランデの胞子葉は大きな2つの裂片に分かれ、それぞれの基部に1カ所ずつ（合計2カ所）の胞子嚢をつける。

　かつてグランデはスパーバムと同一の種とされていたが、フィリピン産がグランデ、オーストラリア産がスパーバムとして分類された経緯がある。そのため園芸店でもグランデとスパーバムが混同されて販売されていることもあるという。

　外見はよく似ているが、グランデのほうが寒さに弱いので、冬越しには注意が必要になる。最低気温が15℃を下回ったら室内や温室で管理する。年間を通して水を与え過ぎると腐りやすいので、根元が完全に乾くまで水やりを行わないように。また、風通しのよい場所で栽培しよう。

1つの胞子葉に2カ所の胞子嚢をつけるのがグランデの特徴だ。

大きい株になると立派な胞子葉が展開する。胞子嚢のつきかたにも特徴がある。

ビカクシダ 原種18
ALCICORNE

12 ORIGINAL SPECIES
ALCICORNE
アルシコルネ

アフリカ大陸の東部とマダガスカルに自生するビカクシダ。貯水葉は丸型で、胞子葉は細く、やや深い切れ込みが入るのが特徴だ。適切な環境で育った株は、胞子葉が上のほうに向かって伸びて繊細なイメージに。星状毛は少なめだが、樹上で強い太陽光から身を守るためにツルツルにコーティングされた貯水葉が役に立っている。

また、産地によって貯水葉、胞子葉の形状に違いがあるのもおもしろい。アフリカ大陸産のアルシコルネは、葉が明るい緑色で表面はツヤがあり、貯水葉の上部に切り込みがなく、覆いかぶさるように密生する。一方、マダガスカル産のアルシコルネは、バッセイ（vassei）とも呼ばれ、胞子葉の色合いが濃く、貯水葉の上部にリドレイのような深い溝が入る。アフリカ産のアルシコルネはマダガスカル産よりも乾燥に弱いので注意したい。ただし、マダガスカル産よりも簡単に殖え、群生しやすいという特徴がある。

アルシコルネは、比較的太陽光には強いタイプで、十分な光に当てて育てたい。朝の早いうちは直射日光、

【DATA】

学 名	*Platycerium alcicorne*
自生地	アフリカ東部、マダガスカル
入手難易度	★★☆☆☆
栽培難易度	★★☆☆☆

アルシコルネの丸型の貯水葉。マダガスカル産は上部に溝が入るのが特徴。

日中は遮光下となる場所が適している。日陰でも枯れることはないが、胞子葉、貯水葉ともに細長く間延びしてしまう。真夏の高温期は生長が鈍くなることがある。このようなときは水やりの回数を調整するようにしたい。また、秋に室内や温室に取り込むが、冬でも15℃以上をキープすれば生長を続ける。活発に生長を続ける場合は、潅水や施肥は通常通り与えて問題ないが、1日の最低温度が10℃を下回ると休眠するので、肥料は与えず、水やりも控えめにして見守るとよい。秋から冬にかけて貯水葉は枯れ、濃い茶色に変色する。

ビカクシダ 原種18
ALCICORNE

胞子葉は比較的細く、深い切れ込みが入り、先端付近に胞子嚢がつく。

細く枝分かれした胞子葉をつけるのが特徴。やや強めの日ざしを好む。

胞子葉の裏、先端付近に胞子をつける。

バッセイと呼ばれるマダガスカル産のアルシコルネ。貯水葉の溝など特徴がはっきりでている株。

アフリカ大陸産のアルシコルネ。
マダガスカルのアルシコルネとは大きく雰囲気が異なる。

アフリカ大陸のアルシコルネは、胞子葉がやや幅広で、表面が光沢のある質感。

葉脈の溝が少ない丸型の貯水葉をもつアルシコルネ・アフリカ。覆い被さるように密生していく。

13

ORIGINAL SPECIES

STEMARIA
ステマリア

(熱) 帯アフリカの中部から、アフリカ西海岸にいた
る地域に分布している。ワイルド株の入手が難
しい種類で、おもに胞子培養株が販売されている。

　貯水葉は背が高く、上部が伸びて先端が波打つよう
に広がり、水分はもちろん、落ち葉などが集まりやす
い構造になっているのが特徴。また、胞子葉の表面は
星状毛は少なくツルツルしているが、裏面は密度の濃
い毛で覆われている。

　エレファントティスと一部自生地が重なっているが、
ステマリアのほうが湿った場所に生えていることが多
いため、高めの湿度で管理するのがおすすめ。水やり
を頻繁に行うと、あざやかな緑色の貯水葉と胞子葉が
伸びるが、胞子ができにくい。生長期の春から夏には
遮光率50％程度の日ざしで、植え込み材の表面がし
っかり乾いてから水やりをしたほうが、しっかりした株
に育つ。幅の広い大きな胞子葉は、強い風に直接当た
ると傷みやすいので注意する。秋に室内や温室に取り
込むが、1日の最低温度は10℃ぐらいまでは耐える。
冬期は肥料を与えず、水やりを控えめにして育てる。

【DATA】

学　名	*Platycerium stemaria*
自 生 地	アフリカ西部～中部
入手難易度	★★★☆☆
栽培難易度	★★☆☆☆

幅広の胞子葉は生長すると細長くなるが、胞
子は葉が分岐する部分につける。

胞子をつけたステマリアの胞子葉。表面はツ
ルツルだが、裏面は毛で覆われている。

ビカクシダ 原種18
ELEPHANTOTIS

14
ORIGINAL SPECIES

ELEPHANTOTIS
エレファントティス

　　央アフリカの西海岸から東部にかけて広い地域
（中）に分布しているエレファントティス。標高200〜
1500mの高地で、熱帯雨林から比較的乾燥した森に
自生している。生長した株では縦長に伸びる貯水葉と、
先端が分岐しない幅の広い胞子葉が観賞できる。とく
に幅広の胞子葉は、同じ形で2枚つくことから、ゾウの
耳に例えられ、種小名の由来にもなっている。貯水
葉・胞子葉の力強い葉脈も本種の魅力のひとつだ。

　一般的によく見られるようになった品種だが、立派
な胞子葉に育つのは意外と難しい。自生地がアフリ
カだけに、栽培においてもある程度の光量と温度が
要求される。状態よく生長させるためには、最低温度
は15℃以上が必要だ。太陽光を好むが、夏場は50%
程度の遮光を。自生地では雨季と乾季があるので、乾
燥と湿潤のはっきりした環境をつくるとよい。とくに、
低温下における根元の水分停滞には敏感で腐りやす
いので注意が必要になる。冬の間、室温がキープでき
ない時には水を切るとよいだろう。明るく暖かい場所
ではよく生長し、子株が出やすい。

【DATA】

学 名	*Platycerium elephantotis*
自 生 地	アフリカ東部〜西部
入手難易度	★★☆☆☆
栽培難易度	★★★☆☆

ゾウの耳にたとえられる幅広の
胞子葉。裏側の先端に胞子を
つける。

ビカクシダ 原種18
ELLISII

15

ORIGINAL SPECIES

ELLISII

エリシー

【DATA】

学　名	*Platycerium ellisii*
自生地	マダガスカル東部
入手難易度	★★★★☆
栽培難易度	★★★☆☆

　なかなか日本では親株を見る機会が少ないエリシー。コンパクトにまとまる個性的な草姿が魅力のビカクシダだ。マダガスカルの東沿岸部、マングローブの森に近い環境で育ち、木漏れ日が当たる湿度の高い場所に生息している。

　貯水葉は丸型で上部が根元に密着し、表面はロウ状の物質でコーティングされていて光沢がある。胞子葉は他の種類に比べて分岐が少なく幅広の形状で、雨粒を受けるように上向きに広がるのが特徴。胞子葉も水分の蒸散を防ぐため、ロウ状の物質で覆われツルツルしている。

　おもに春から初夏にかけて貯水葉が展開し、夏から秋にかけて胞子葉を伸ばす。子株が密に発生するため、親株が大きくなりにくく、自然下では群生株として自生していることが多い。

　ビカクシダのなかでも、エリシーは高温多湿を好む種類といえる。自生地のマダガスカル東部沿岸付近は、南東貿易風の影響で雨が多く、夏は高温、冬はやや冷涼な気候になることを踏まえて栽培するとよいだろう。

胞子葉の裏側、分岐する部分もしくは葉の先端に胞子嚢が現れる。

お椀のように丸く根を包み込む貯水葉。水ゴケをたっぷり使って着生させるとよい。

高い湿度を維持するには、ビニールハウスなどの温室栽培が有利だ。高い湿度を維持すると、状態よく生長しやすい。また、貯水葉は薄く、多くの水分を維持しにくいので、植えつけ時に多めの水ゴケを利用するのがおすすめ。春から夏の生長期には、水ゴケの表面が乾いたらたっぷりと水やりを行い、水切れに注意しよう。冬の寒さには弱いので、最低でも10℃以上を保てる環境で育成させたい。

ビカクシダ 原種18
ELLISH

子株のできはじめ。新たな生長点から貯水葉が展開する。

貯水葉がある程度生長すると、胞子葉が伸びてくる。

上向きに広がる胞子葉。幅の広い光沢のある質感が魅力。

枝状のコルクに着生したエリシー。子株が
複数出てナチュラルな雰囲気に。

QUADRIDICHOTOMUM

16
ORIGINAL SPECIES
QUADRIDICHOTOMUM
クアドリディコトマム

入手性、栽培難易度ともに最高レベルのビカクシ
ダ。同じマダガスカル原産の種類と同様の環境
で育てても、大株に生長させにくい小型の品種で、上
級者向けの種類といえる。

分布域はマダガスカル島の北西部。木漏れ日が当た
る森林に自生するが、樹木のほかに石灰岩にも着生し
て生活している。貯水葉は上に伸びて上端は浅い切れ
込みが入るのが特徴で、胞子葉は波を打つような形で
下に垂れ下がり、2回ほど分岐する。種小名は、この胞
子葉が2度分岐して裂片が4つになることに由来して
いる。

マダガスカル島の北西部は、モンスーン気候で雨季
と乾季がはっきりしている地域。このような気候にお
いては、おおよその植物は乾季の厳しい環境から身を
守る手段を備えているが、クアドリディコトマムも同様
に乾燥に対する防衛手段をもちあわせている。休眠
状態になると、胞子葉の両サイドが内側にくるくると巻
いて枯れてしまったかのような形状になるのだ。これ
は葉の表面積を減らして水分の蒸散を防ぐためと考え

【DATA】

学 名	*Platycerium quadridichotomum*
自生地	マダガスカル北西部
入手難易度	★★★★★
栽培難易度	★★★★★

4つに分かれる胞子葉が種小名の由来に。

られる。その後、雨季の環境になると葉が少しずつ元に戻って、生長を再開する。同じような性質はワリチーにもみられる特徴だ。

　栽培における冬越しは、最低気温15℃を目安にして、室内または温室に取り込み、10℃以上の温度をキープして育てたい。冬の休眠期といっても完全な断水は行わず、水やりを控えめにして乾かしぎみに管理するのがポイントだ。日照は20〜50％の遮光を施した明るい場所で栽培する。生長期には水ゴケが乾いたらたっぷりと水やりを行う。

ビカクシダ 原種18
QUADRIDICHOTOMUM

4つに分岐した葉が特徴。葉が分かれる部分から先端にかけて胞子がつく。

胞子葉の裏。分岐する部分に胞子嚢が現れる。

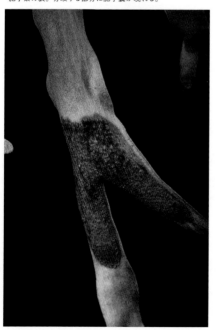

冬、休眠期になると葉が内側に巻く。暖かくなると元の状態に再生して光合成をはじめる。

休眠状態に入った冬の状態。春の活動期までは水やりは控えめに、乾燥ぎみに育てる。

MADAGASCARIENSE

17
ORIGINAL SPECIES

MADAGASCARIENSE
マダガスカリエンセ

　　ア　フリカ産のビカクシダを代表するような品種で、
　　　とても人気が高い。マダガスカリエンセはワイル
ド株を入手するのは難しいものの、子株栽培の株やメ
リクロン株が流通し、最近ではよく見かけるようになっ
ている。

　特徴は何といっても根を包むように広がる丸型の貯
水葉だ。その表面には、細長い六角形の凹凸があり、
そこに水分を保持したり、溝を使って水を取り込んだ
りする役割があり、根もその溝に沿って伸びている。
新しく展開した貯水葉はあざやかな黄緑色だが、成熟
するにつれて濃い緑色に変わり、最終的に枯れて茶色
に変色する。胞子葉は幅広で短い。

　貯水葉はドーム型で根を完全に覆っているため、上
部から養分を吸収することができない。そのため、自
然下ではアリと共生していることが多く、根のまわりに
安全な巣を提供する代わりに、フンや食べ残しなどを
栄養分として得ていると思われる。

　自生地はマダガスカルのやや標高の高い山地の樹
林。そのため、あまり高温を好まないという性質があ

【DATA】

学　名	*Platycerium madagascariense*
自生地	マダガスカル
入手難易度	★★★★☆
栽培難易度	★★★★★

胞子葉は小さく上向きに伸びる。

る。夏場はできるだけ涼しく風通しのよい場所で育てるのが重要なポイントになる。通風の悪い温室では、夏に枯れやすく、サーキュレーターを使うなどして対応し、葉水をかけて株の温度を下げる工夫が必要だ。夏の遮光は60％程度にしておくとよい。また、虫を寄せつける傾向があるため、ナメクジなどの食害を受けるケースもある。

　また、冬は15℃を目安に室内や温室に取り込み、20℃以上をキープして育てるのがベスト。子株は胞子葉がしっかり伸びてきたものを、春から初夏に株分けするとよいだろう。

　マダガスカリエンセは、原種のなかでも寿命が短いように感じられる。そのため、子株をよく出して群生することで種を守っていると考えられる。

ビカクシダ 原種18
MADAGASCARIENSE

マダガスカリエンセには、広葉タイプと細葉タイプがある。葉裏の分岐部分か先端に胞子がつく。

貯水葉は枯れて茶色に変色すると硬く、特徴的な形状が残る。

胞子葉の凹凸が魅力。根のまわりにアリを棲まわせることで、養分を得ている。

枝状のコルクに着生させたマダガスカ
リエンセ。インテリアグリーンとしての
存在価値も高い。

マダガスカリエンセの立派な群生株。コルク樹皮のほぼ全面を株が覆い尽くしている。長年、状態よく栽培してきた結果、ここまで見事な株に仕上がる。

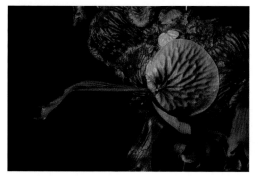

細長い葉が特徴のマダガスカリエンセ。

胞子葉が短い広葉タイプ。

ビカクシダ 原種18
MADAGASCARIENSE

細葉タイプの群生株。

18

ORIGINAL SPECIES

ANDINUM

アンディナム

南アメリカ大陸に唯一存在するビカクシダが、このアンディナム。現地では2mを超えるほど大型になることが確認されているが、日本での栽培ではそれほど大きくならない。ペルーとボリビアに連なるアンデス山脈の東側、標高400m付近の森林に自生している。貯水葉には深い切れ込みが入り、細長い胞子葉にはたくさんの星状毛が生えているのが特徴。また、胞子嚢群は葉裏の先端でなく、切れ込みの分岐点周辺につく。

水分を好むタイプで、とくに夏場は乾燥させるよりも少し多めに水やりをしたほうがよく育つ。日ざしは木漏れ日のような光を好む。朝のうちは直射日光で、日中は遮光下となる場所が最適。遮光率を低くする場合は風通しをよくして葉焼けしないように注意すること。一方、冬の低温は苦手なので、最低でも15℃をキープして栽培したい。できれば暖房などを入れて管理すると安心だ。室内や温室では風通しが悪く、蒸れやすいので、サーキュレーターなどを使用して空気を動かすように風を送るとよい。

【DATA】

学 名	*Platycerium andinum*
自生地	ペルー、ボリビア
入手難易度	★★★★☆
栽培難易度	★★★☆☆

細く垂れ下がる胞子葉が特徴。はじめに分岐する葉の裏に胞子嚢をつける。

ビカクシダ 原種18
ANDINUM

Cultivation basics and arrangement methods

CHAPTER 3

栽培の基本と仕立てかた

おもに熱帯域の森林で、樹木に着生して育つビカクシダの仲間。日本で状態よく栽培するには、いくつかのテクニックが必要になる。ただし、難しいことはほとんどない。板付けなどの仕立てかたと栽培の基本を覚えておけば、いろいろなビカクシダを自分のスタイルで美しく育成することが可能だ！

01

必要な素材と道具

ビカクシダの栽培では、植え込み材として根のまわりに施す乾燥水ゴケや、株を着生させるための板やコルクなどが必要になる。保水性に富む乾燥水ゴケにもいくつか種類はあるが、なかでもよく用いられているのがニュージーランド産の水ゴケだ。茎が長くてバラバラになりにくいので、仕立てやすいというメリットがあるほか、薬品が使用されていないため、株の生長を妨げることもない。

着生させる材料の板は、厚さが1cm程度のものを利用する。とくにスギの焼き板は、水やりをしても反りにくく、割れにくいので重宝される。かつてはヘゴ板も使われていたが、原材料が輸入禁止となり、今はほとんど利用されていない。板のほかにコルク樹皮も着生材として広く使われている。軽量で腐りにくく、加工しやすいという利点がある。また、ビカ

ニュージーランド産の水ゴケが植え込み材として広く用いられる。

クシダをつけたときに、より自然に近い雰囲気に仕上がるのでおすすめだ。平面的な板状のほか、なかが空洞になった枝状のコルクなどが市販されている。

このほか、栄養不足を防ぐための有機質肥料や液体肥料、園芸ばさみや針金、ペンチ、ノコギリなど仕立てる際の道具もあらかじめ揃えておくとよいだろう。

粒状の有機質肥料。植えつけの際に施す元肥として利用する。

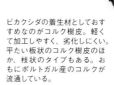

ビカクシダの着生材としておすすめなのがコルク樹皮。軽くて加工しやすく、劣化しにくい。平たい板状のコルク樹皮のほか、枝状のタイプもある。おもにポルトガル産のコルクが流通している。

厚さ1cm程度の板を利用。幅20、高さ30cmぐらいのものが使いやすい。

ヘゴの木が伐採禁止になったため、かつて使われていたヘゴ板は利用されなくなっている。

ビカクシダを着生させるときに使う道具類。ハサミやカッター、ノコギリ、ペンチ、ヘラ、針金、結束バンド、透明ミシン糸などを利用する。

02

株分けと板付け

板付けと株分け（子株とり）の方法を紹介しよう。板付けや株分けは、ビカクシダを栽培していくうえで必要不可欠の作業といえる。園芸店などでは鉢植えにされたビカクシダがよく販売されているが、これは幼苗の一時的な栽培スタイルと考えたほうがよい。もちろん鉢植えでも生長するにはするが、そのままでは本来の美しい姿を望むのは難しい。着生植物であるビカクシダのよさを引き出すためには板付けにして、上下の関係をはっきりさせて栽培すると、きれいな形で貯水葉や胞子葉が広がってくれる。

ここではベイチーの園芸品種「アッキー」の子株とりと、その板付けを解説する。親株の根元周辺に発生した子株を切りとるわけだが、子株は胞子葉が十分に広がった状態になってから分けたほうが安心だ。子株は親の根の先端にできる不定芽によって発生する。小さいうちは親から養分をもらっている割合が多いため、移植には負担がかかる。自分の根がある程度生長してから分けたほうが失敗しにくい。

アッキーの株の周辺を大きめにカッターで切りとり、板につける。貯水葉よりも大きくなるようなボリュームで湿らせた水ゴケを板の上に配置し、粒状の有機質肥料を施したあと、株を置いて結束バンドで固定。その後、透明のミシン糸で株の根元と水ゴケをしっかり巻きつけたら完成だ。切り分けた親株の養生も行う。子株は明るい場所で管理するが、貯水葉が完全に機能していない場合が多いので、水切れに弱く、やや頻繁に水やりを行うとよい。株分けや植え替えは生育期のはじめ、春から初夏に行うとよいだろう。

ベイチーの園芸品種 [アッキー]。株の根の周辺にいくつか子
株ができている。このうちの1つを切りとって、独立させる。

親株の右下で生長している子株を
とる。十分に胞子葉が出ているサ
イズがおすすめ。

カットする範囲をマーカーで印をつ
ける。やや大きめにカットすると
安心だ。

マーカーのラインに沿ってハサミを
入れていく。

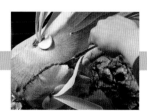

最後はカッターの刃を長めにして
突き刺し、子株を切りとる。

アッキーの子株を切りとる。親株を傷めない程度に、根を多めにカットするのがポイント。

子株をカットしたあとは、水ゴケ部分の根がむき出しに。ここに新しく水ゴケを入れて養生する。

園芸用の針金をU字にして、切りとった部分に数本差し込む。

この針金の突起部分が、新たな水ゴケの固定に役立つ。

根の部分に有機質肥料を少量ふりかける。

十分に湿らせた新しい水ゴケを置く。手で押さえながら元の形に戻すように。

水ゴケを配置したら、透明のミシン糸で巻きつける。針金の突起に引っかけながら巻いていく。

糸を巻き終えたら、針金をなかへ押し込む。すると、ほとんど目立たなくなる。

子株を切り離し、養生したあとの親株の状態。

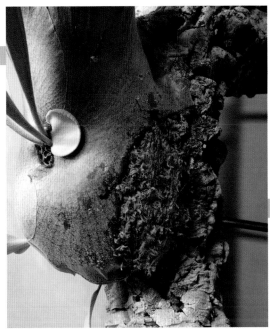

生長点から小さな貯水葉が出はじめている。これが大きくなれば、切りとった傷口を覆い隠してくれるだろう。これを計算して子株とりを行っている。

切りとったアッキーの子株。生長点がフレッシュで、胞子葉が十分に展開していれば、このあとの管理も安心だ。

専用の板に子株を置いてみる。サイズ感はちょうどいい。生長点が上向きになるように配置。

結束バンドを突き刺すためのオリジナルグッズ。ステンレス製のレールにやわらかいバンドを入れる。

結束バンドを入れたステンレス製のレールを子株の根元に突き刺す。

レールだけをはずすと、株元の左右に結束バンドが刺さった状態に。

再度株を板の上に置き、配置する高さを確認。貯水葉は上に伸びていくので、上部をあけておくとよい。

つける場所に、十分に湿らせた水ゴケを丸い形で配置。

水ゴケの上に有機質肥料を適量ふりかける。

肥料が直接根に触れないように、その上にも水ゴケをのせる。

こんもりとした水ゴケの中央部分に子株を配置する。

板のうしろからも結束バンドを入れ、2本のバンドを締め付けて株を固定する。

さらに水ゴケを株元のまわりに入れて形を整える。

水ゴケが落ちないように、透明のミシン糸などで固定する。貯水葉を傷めないように注意して。

子株の板付けが完成。水切れに注意しながら日当たりのよい場所で管理する。

CULTIVATION & ARRANGEMENT

03

コルク付け

中央部が空洞になっている枝状の
コルク樹皮。さまざまな形のもの
が輸入されている。

より自然に近いビカクシダを楽しむなら、コルク付けがおすすめだ。樹木に着生している自生地の様子をイメージしながら、ビカクシダを付け、バランスよく仕上げれば、何年も楽しめる貴重なインテリアグリーンになるだろう。

コルク樹皮には板状のものと枝状のものがあるが、中央部分が空洞になった枝状のコルクを使用すると自然感はさらにアップ。コルクの形状が、木の生命力を感じさせ、自生地の雰囲気を演出してくれる。コルクはほかの材料に比べてカビにくく、劣化しにくいというメリットもある。軽くて加工しやすいのもうれしい。

コルク付けは全体のバランス感覚が重要で、株がどのように生長していくかを想像しながら配置するとよい。

コルクを壁に掛けるため、
接地面をノコギリでカットし
て平らにする。

壁との接地面をつくると安
定する。

コルクの上部に電動ドリルで穴を
あける。

あけた穴に、園芸用の太い針金を
二重にして通す。

壁やフェンスにかけるためのフック
をつくる。

コルクにつけるのは板付けにされた園芸品種のラヴァ（*Platycerium willi
nckii* 'Lava'）。植え替え（付け替え）の時期は、板を貯水葉が覆うように
なったら。

板に固定している結束バン
ドをカット。

ヘラを使って、着生した根
を板から剥がす。

向きや角度に注意して、取り外した株をコルクに配置する。

結束バンドで株を固定する。

株の裏側、根の部分に有機質肥料を少量入れる。

しっかり湿らせた新しい水ゴケを根のまわりに加える。

水ゴケをコルクの裏側にまで配置して、透明なミシン糸などで固定する。貯水葉を傷つけないよう、株の根元と水ゴケ部分だけに巻くのがポイント。

コルク付けが完成。生長すれば株の裏側にも子株が出てくる。

コルク仕立てのビカクシダ。素敵なインテリアグリーンとして観賞価値を高められる。
❶*P.willinckii* 'Dwarf Tatsuta'、❷*P.* 'Nagesai'、❸*P.hillii* 'DragonClaw'、❹*P.willinckii* 'Milinta'。

04

置き場所

雨が当たらず、日当たりと風通しのよい場所が理想的。

フェンスやトレリスなどに引っかけて設置することが多いビカクシダ。置き場所としては日当たりと風通しが重要になる。

まずは設置する場所としては、日当たりのよい南向きがベスト。しかし、夏の直射日光は危険なので、寒冷紗などで50％程度の遮光が必要となり、冬でも20％程度は直射を遮ったほうがよい。ただ、南向きのスペースは年間を通して明るい環境が得られるので栽培に最も適しているといえる。また、東向きの日ざしもビカクシダが好む光だ。朝から日中までの日ざしは強すぎず、ビカクシダの育成にはちょうどよい。西日は強すぎるので遮光をしないと葉焼けを起こしやすい。北向きは育成にはあまり向かないが、室内の暗い場所で育てるよりは北向きでも外光に当てたほうがよいだろう。

風通しも重要で、とくに梅雨の時期や夏の高温期は株が蒸れやすいので注意する。風の通りが悪い場所に数株をまとめて置いてしまうと、根腐れや病気が起きたり、害虫が発生しやすくなる。風通しがよければある程度の葉焼けも防げる。

このほか、外気温にも注意が必要。最低気温が15℃を下回るようになったら、室内に取り入れ、明るい窓辺で育てるとよい。

05

水の与えかた

シャワーを使って複数の株へ水やり（左）。溜め水につけるとしっかり水を吸収する（右）。

日常的な管理として最も頻繁に行う作業が水やりだ。ビカクシダには、メリハリのある水やりが重要だ。基本は植え込み材である水ゴケの表面が乾いたら、中まで十分水が浸透するまでたっぷり水やりをすること。また、株を持ってみて、いつもより軽い場合は根元が乾燥している状態なので、水を必要としているサインといえる。

水やりの回数が多すぎて、いつも根が過剰に濡れている状態だと、根腐れが起きやすく、貯水葉が腐ってくることも。逆に乾燥させすぎると生長不良や枯れる原因になってしまう。

ビカクシダの根は貯水葉に隠れていて見えないが、その部分に水がかかるように与えよう。バケツなどに水を入れて、株全体をつけるとしっかり中まで浸透しやすい。ただ、同時にたくさんの株で行うと、害虫や病気がうつってしまうリスクもある。

シャワーやジョーロを用いる場合は、株の上から全体に水を与えよう。しかし、ベイチーやアンディナムなど白葉を保持させたい場合は、葉に水をかけず、星状毛を落とさないように気をつけるとよいだろう。

このほか、ほとんど生育が止まる冬の時期の水やりは控えめにし、植え込み材が完全に乾いてから与えるとよいだろう。

06

肥料の与えかた

植えつけ時に元肥として利用される有機質肥料。緩やかに長期にわたって効果が持続する。

栄養分がバランスよく配合された固形の化成肥料。おもに置き肥として利用される。

も ともとビカクシダは、肥料分をたくさん要求する植物ではない。しかし、適度に施肥を行うことで、生長期にはグングンと色つやのよい葉を伸ばしてくれる。ポイントは量を抑えて、生長期に適宜与えること。

肥料の施しかたには、植えつけの際に根元に施す「元肥(もとごえ)」と、育成中に追加するようにして与える「追肥(ついひ)」がある。元肥としては、ゆっくりと長期間効果が持続する緩効性の有機質肥料がおすすめ。化成肥料に比べて臭いがあり、虫がつきやすい傾向もあるが、

やさしい効きめで、株を傷める心配が少ない。粒状の肥料を水ゴケのなかに混ぜて株を植え込む。一方、追肥には、速効性のある液体肥料がよく使われる。観葉植物用の液肥を用い、生長期の春から夏にかけて、1カ月に1度のペースで与える。水道水に規定量よりやや少なめの原液をよく混ぜ、水やりの要領で根元に与える。また、植え替えをほとんど行わない大株では、固形の化成肥料を置き肥として、重なっている古い貯水葉の裏側に与える方法もある。

病害虫の対策

大量に発生してしまうと、完全な駆除がなかなか難しいカイガラムシ。

害虫が発生したら薬剤をうまく利用して、できるだけ早く対処する。

よくある害虫被害には、カイガラムシやハダニがある。おもに風通しの悪い場所に長期間置いておくと発生しやすい。

カイガラムシの発生当初であれば、手で取るだけでも有効だが、殖えすぎてしまったら薬剤を使用するとよい。ただ、成虫を駆除しても卵が残っていることが多く、また、ビカクシダの生長点に大量についてしまうと薬剤が届きにくくなるため、完全に駆逐するのは難しい。ハダニがついた場合も薬剤を利用するのが基本だが、葉水をたっぷり与えてハダニを流すだけでも効果がある。ハダニは葉の裏に多く寄生するため、日常的に観察し、こまめに葉水を行うことで予防できる。

よくある病気としては、春から秋に炭そ病が発生する。カビが原因で発生する植物の病気で、葉に灰白色や黒ずんだ円形の斑点が現れる。病変を見つけたら葉をすぐに切りとって処分する。高温多湿で発生しやすいので、密な配置を避け、繁茂しすぎる葉は間引き、風通しや日当たりのよい環境をつくることが大切だ。

08

季節の管理方法

SPRING
春
3〜5月

SUMMER
夏
6〜8月

徐々に気温が上がりはじめる春。ビカクシダも生長のスイッチが入り、少しずつ芽が動きはじめる季節だ。

ただ、夜間など急に冷え込む日もあり、株にダメージを与えてしまう可能性もあるので、気温の変動には注意が必要だ。夜でも15℃以上を確保できるまでは、昼は風通しのよい屋外に設置し、夜間は室内に取り込むとよい。

室内から外に出す際、急に直射日光に当てると葉焼けの原因になるので、日陰から半日陰、日なたへと徐々に慣らしていくと安心だ。水やりは水ゴケの表面が乾いたら、たっぷりと与える。液体肥料も月に1度のペースで与えるようにしたい。

十分に暖かくなった5月中旬以降が、株分けや植え替えの適期となる。

夏は基本的に風通しのよい屋外で栽培するのが基本だ。ただ、梅雨の季節は、雨ざらしにならないように軒先などで管理する。屋外でも密集して株を置くと蒸れやすく、根腐れや病害虫の原因にもなるので風通しに注意しよう。

気温が上がると、生長のスピードも上がり、水やりの頻度も増えてくる。ところが、真夏の猛暑が続くころには、生育が落ち着く種類が多い。夏の日ざしは50%程度の遮光を行い、株の状態を見ながら、水やりの間隔も少し調整するようにしたい。

また、夏期の水やりは、夕方から夜に行うのがおすすめだ。朝や日中に行うと、強い日ざしによって、余分な水分が高温になり、蒸れが発生しやすいためだ。

AUTUMN

秋

9〜11月

猛暑が落ち着いてくると、生長を再開させる種類が多い。初夏のころのように生長スピードが高まるため、水切れに注意しながら、適度な日当たりで育てるとよい。基本的には春の管理と同様だ。

台風が到来すると、強風によって葉が折れたり、取れたりするので、事前に室内に移動させる。肥料は気温が下がる前に終了するのが基本だが、秋期は活発に生長する種類もあるので、様子を見ながら与えるとよい。

徐々に気温が低くなってきたら、冬越しの準備を。最低気温が15℃になるくらいになったら、室内か温室に移動させる。とくに耐寒性の低い品種（リドレイ、ウィリンキーなど）には注意が必要で、できるだけ寒さに当てないようにして育てたい。

WINTER

冬

12〜2月

冬はビフルカツムなどの耐寒性の高い品種以外は、室内で栽培することになる。室内では、できるだけ10℃を下回らないように管理したい。設置場所は窓際の日当たりのよい場所がベストだが、日照が確保できない場合は、波長の幅が広い植物育成用のLEDライトを導入するとよい。ビカクシダの正面から当てるのではなく、なるべく上から当てるような角度で設置しよう。

室内でも風通しが悪いと株が腐りやすくなるので、サーキュレーターを使って風をつくる。ただ、暖房の暖かい風が直接当たる場所は避けたほうがよい。さらに、部屋の温度差にも注意。昼は25℃で夜は10℃になると、ビカクシダにとってストレスになるので、急激な温度差をつくらないように気をつけたい。

09

栽培に役立つQ&A

Q 板付けと鉢植え、育てやすいのはどっち?

A 鉢植えと板付け、どちらでも育てられるが、タイの輸入株では、胞子培養の鉢植えがほとんど。鉢植えのほうが根が乾燥しにくいので管理しやすいという利点があり、省スペースで栽培できる。しかし、鉢植えでは貯水葉がうまく出ていないものが多い。本来の姿でビカクシダを楽しむなら、やはり板付けにして栽培したい。根が乾燥しやすく、設置場所にも工夫が求められるが、自生地のスタイルに合わせて、バランスのよい草姿をめざして栽培してほしい。

Q 板付けやコルク付け、流木付けメリットは?

A やはりビカクシダ本来の造形が楽しめるところ。鉢植えではコンパクトに省スペースで栽培できても美しく育てること

はできない。とくに枝状のコルク樹皮を着生材として使用すると、より自然に近いビカクシダのイメージに近づく。コルクは軽くて加工しやすく、劣化もしにくいのでおすすめだ。流木の場合はやや重たいのが難点。海岸や河原で拾ったものは必ず煮沸消毒して乾燥させたあとに使用すること。

Q 直射日光に、当てても平気?

A シダの仲間のわりには、ビカクシダは明るい環境を好む。ただし、強い直射日光は苦手で葉焼けを起こす原因になる。リドレイやベイチーなど比較的日ざしに強い品種もあるが、夏の直射日光は避け、50%の遮光にする。冬でも20〜30%の遮光を施して栽培すると安心だ。また、夏場は反射熱にも注意を。地面がコンクリートやアスファルトだと、反射する熱によって葉焼けを起こすことがある。風通しをよくすることで予防できる。

Q 北向きのベランダでも育てられる?

A 光の少ない室内で育てるのであれば、生長期には北向きのベランダでも外に出して育てたほうがよいだろう。暗い室内よりもしっかりした株に育ちやすい。適切な光が当たれば、葉の色合いが濃く、しまった形に生長するが、光が足りないと、色合いが薄く、ひょろひょろと細長く徒長した葉になりやすい。

Q 室内でも栽培できるの?

A インドアでも十分に栽培できる。日当たりのよい窓辺に設置できるとベストだが、そうでなければ照明器具を利用する。ケルビン数が高くて紫外線もあり太陽光に最も近いのがメタルハライドランプだ。しかし、消費電力が高いのが問題であまり使われなくなっている。省エネを考えるなら、やはりLEDライトがおすすめだ。赤や青の波長が再現できている植物育成専用のLEDライトも登場している。照射時間は決まった時刻に10時間ほど点灯させる。また、室内栽培では、風通しも重要だ。サーキュレーターなどを使って風をつくるが、強い風を直接ビカクシダに当てるのではなく、部屋全体の空気を動かすイメージで調整するとよい。適度な風通しがあると強い株に育ち、害虫もつきにくくなる。ただし、乾燥が激しくなるので、水切れに注意する。

Q 初心者におすすめの品種は?

A 栽培の難易度はさておき、まずは好みの品種を選んでほしい。あえていうなら耐寒性が高いという意味でオーストラリア原産のビフルカツムやベイチーが入門種としておすすめだ。関東以西の温暖な地域であれば、冬でも屋外で栽培できるケースもある。ただし、より美しく育てるためには、一定以上の温度や湿度が必要になる。

Q とくに難しい品種は?

A 最も人気のあるリドレイが、栽培難易度が高い種類といえる。まず貯水葉が冠タイプではないため、根元の水分量がわかりにくいこと。さらに自生地では日当たりのよい高い木の上に着生しているため、比較的強めの光が求められ、極端に寒さに弱いこともあげられる。ビカクシダを育てるなら、いつかはチャレンジしてみたい種類だ。

Q 貯水葉が出ていない株を買っても大丈夫?

A 通常、ビカクシダの苗は、貯水葉が出てから胞子葉が展開するので、基本的に貯水葉が出ていない株はないはずだ。とくに、葉が発生する生長点を見て、新しい芽がみずみずしく、動いているような株を選ぶとよいだろう。

Q 株を購入する際に チェックするポイントは?

A まずは、葉の枚数が多いものを選ぶ ようにする。葉の色合いがきれいか、 葉にはりがあるか、黒い斑点などがないかな どをチェックする。サイズは握り拳以上のも のを選びたい。最近では海外からの輸入株 も丈夫になってきているが、ある一定期間日 本で栽培された株を取り扱う専門店で入手し たほうが安心。

Q 葉に付着している粉、 拭き取っても大丈夫?

A 葉の表面に付着している粉のような ものは、星状毛と呼ばれるもの。放射 状に生える無数の毛で覆われ、星状毛の密 度が高い品種だと白っぽい葉に見える。そも そも星状毛は、強い日ざしをやわらげたり、 水分の蒸散を防ぐなどの役割を果たしてい る。とくに幼い葉にはたくさんついているが、 大きくなるほど水やりなどの影響を受けて、 星状毛が少なくなる。自然下でも同様の傾向 が見られる。ベイチーなど白葉が特徴の品種 では、葉に水をかけないようにして、水やりを 行うとよいだろう。

Q 胞子葉を上向きに立たせる ためにはどうすればいい?

A 原種ではリドレイやベイチー、エリシ ーなど、胞子葉がまっすぐ上に立ち上

がる品種がいくつかある。きれいに葉を上向 きに立たせるためには、光の向きが大切だ。 南向きや東向きの場所に設置し、できるだけ 高い位置からの日ざしを当てるとよい。そし てできるだけ設置場所を変えないようにして 育てれば、上に向かって形よく胞子葉が伸び ていく。

Q 冬に枯れ込んだ葉の 処理は?

A 胞子葉の寿命は通常1〜3年程度で、 更新の時期が近づくと急速に黄色に 変色し、やがて葉のつけ根部分からポロリと 抜け落ちるので、無理に切り落とす必要はな い、枯れているように見えても生きている場 合がほとんど。無理やり葉をカットすると、生 長点を傷つけ、次の葉の生長を妨げることに なるので注意しよう。

Q 夏にたくさんの胞子葉が出たら、 間引いたほうがいい?

A たくさんの葉が出すぎて、日当たりが 悪くなったり、風通しが悪くなったり するケースはほとんどないため、間引く作業 はあまり必要ない。全体のバランスを整える ために、1〜2本の胞子葉をカットすることは あるが、実際に生えている葉は、基本すべて が必要なものとして伸びているので、取り除 かないほうがよい。カットすることで、株が弱 ることのほうが心配だ。

Q 肥料は必要？

A ビカクシダは大輪の花を楽しむものではないので、肥料をたくさん与える必要のない植物といえるだろう。ただ、チッ素やリン、カリなどの栄養素が適正なバランスで、かつ適量を与えることによって、より生長し、元気な葉を展開させてくれる。板付けや付け替えなどの際には、水ゴケに有機質肥料を元肥として施し、春から夏の生長期には追肥として液体肥料を月に1〜2回ほど与えるとよい。与え過ぎは障害を引き起こす原因になるので、一度に使用する施肥の量は控えめにしておくことが大切。

Q 水やりのタイミングは？

A 水やりは簡単なようで意外と難しい作業だ。個々の植物が水を欲しているという状況を見極められるのは、やはり経験によるところが大きい。水やりが少ないと乾燥して枯れてしまうし、水やりが多すぎると根腐れを起こしてしまう。根腐れは貯水葉の生長点のまわりが黒くなりはじめたら危険信号。すぐに水を切って乾燥させる。また、真夏の水やりには注意が必要だ。朝や日中に水やりすると、余計な水分の温度が上がり、株全体が蒸れてしまう。したがって夕方から夜にかけて水やりを行う。いずれにしても、株の状況を見ながら適宜水やりを行う技術が必要になる。

Q 子株はどのくらいのサイズから分けられる？

A ビカクシダは多くの種類で、根の先端に不定芽を出すことで簡単に株を分けて繁殖させることができる。不定芽ははじめに貯水葉を出し、その後胞子葉を伸ばす。子株はしばらく親株から養分を吸収しているので、小さいうちに分けてしまうと、その後の生長がうまくいかないことも。目安としては、胞子葉がしっかり広がってから分けるようにするとよいだろう。

Q 株分けの最適な時期はいつ？

A 加温が可能な温室栽培であれば、いつでも株分けなどの繁殖は可能だが、一般的な屋外での栽培では、気温が15〜20℃以上になり、十分暖かくなってきたころに作業を行うとようにしたい。子株は温度に敏感なので、直射日光を避け、水切れに注意して育てる。

Q 子株が出ない品種は？

A ビカクシダには子株ができない品種もある。リドレイをはじめ、スパーバムやワンダエ、グランデなどが子株をつくらないグループ。最近では胞子培養に挑戦して、株を殖やしている人も増えている。

Q 植え替えるタイミングは?

A 植え替えが必要になるタイミングは、株が大きくなって生長が鈍くなる前に行うようにしたい。板付けにしたビカクシダを植え替える（付け替える）タイミングの目安は、板全体を貯水葉が覆うようになったら、そろそろ準備をしたほうがよい。できれば、ひとまわり大きな板やコルクに付け替えるようにする。付け替えの適期は、気温が暖かくなってきた春から初夏に行うと安心だ。

Q コンパクトに仕立てたい場合の方法は?

A ビカクシダの自生地となる熱帯地域の気候と異なり、日本には四季があるため、それだけでコンパクトに育つ条件がそろっている。さらに、光と水をコントロールすることで、全体が引き締まった草体に育てることも。たとえば、日本の盆栽に見るように、ややいじめて育てるとコンパクトにまとまった形に生長する。たとえば、補助ライトを使って照射時間を長くし、さらに水やりを控えめにすることで、コンパクトな株に育てることができる。

Q 大きく育てたい場合の方法は?

A 早く大きく育てたい場合は、温度と湿度を上げて、熱帯地域の気候条件に近づけていくとよい。その場合、加温や加湿ができる温室があるととても有利。ビニールハウスの栽培でも、地面がコンクリートの場合と、土の場合では、育成状態に違いが出てくる。土のほうが湿度を保ちやすいので、栽培に適した環境を維持しやすい。さらに休眠する時期をつくらず、有機質肥料や化成肥料をバランスよく与えることによって、より大きく生長させることができるだろう。

Q 虫がついてしまったらどうすればいい?

A ビカクシダには、カイガラムシやハダニ、ワタムシなどがつく恐れがある。害虫はだいたいよどんだ空気が滞留している場所に発生しやすい、適切な日当たりと風通しのよい場所で栽培できていれば、ほとんど害虫は発生しないはずだ。虫を見つけたら、見えるものは、手や綿棒などで取り除き、そのあとに薬剤を散布するとよい。ただ、カイガラムシなどは成虫を駆除しても卵が残っていることが多く、完全に駆逐するのは難しい。常に蒸れない環境で育てるように心がけよう。

Q 枯らしてしまう よくある原因は?

A 水の与えすぎが原因になることが多い「根腐れ」と、直射日光に当てる「葉やけ」。この2つが、枯らしてしまう大きな原因になっている。ビカクシダの状況を見ながらコミュニケーションをとるつもりで接するとだんだん水やりのコツがわかってくる。葉やけは、夏にベランダなどで強い光を浴びたときや、室内で照明器具を近くで当てすぎたときなどに起こりやすい。また、季節の変わり目で、1日の気温が大きく変動している時に枯らすことが多いようだ。

Q 胞子から 殖やすことはできる?

A 株分けや子株とりのほかにも、胞子を使って繁殖させることができる。胞子培養は時間と手間が必要になるが、一度にたくさんの株をつくるときに有効な方法だ。まず、胞子嚢から回収した胞子を湿度のある苗床にまくが、ジフィーセブンなどのタネまき専用ポットなどを利用すると便利。その後、水を切らさずに管理すると2～3カ月後に前葉体と呼ばれる配偶体が姿をあらわす。この前葉体が生長すると、ひとつの葉から卵子と精子をつくり出し、水に濡れることで受精して、シダの幼体が誕生する。この間、乾燥や雑菌などから守るため、透明な密閉ボトルで管理する。シダの幼体ができてから、小さな胞子葉が確認されるまでは1年程度はかか

る。2年以上経過しても葉は2cmほどのサイズだ。その間、水ゴケをベースにした苗床に移し、温度と湿度を保って生長させなくてはならない。なかなか根気のいる作業だが、成功すると、いろいろな品種を殖やしたくなってくる。

Q 自分で新しい品種を つくることはできる?

A 異なる品種の胞子を利用して培養すれば、今までにない表現のビカクシダが生まれる可能性はある。たとえばこれまで交わったことのないAとBの異なる品種の胞子を混ぜてばらまき、別々の前葉体から発生する卵子と精子が別品種のものと受精することで新たな交配種が生まれるという仕組みだ。ただ、その結果がでるのは2～3年後。AとB両方の特徴をもつような株が現れるかは、100株を同時に育てたうえで、1株出るか出ないかという確率。さらにそれを累代繁殖させる必要もある。新品種作出までには、かなり長い道のりであることに違いない。

Improved variety selection

CHAPTER

4

園芸品種セレクション

ビカクシダは18種類の原種をもとに、さまざまな交配によって
生まれた園芸品種も普及している。原種の特徴をより強めた
ものや複数の特徴をあわせもつもの、より栽培しやすいものな
ど、多岐に及ぶ品種が作出されている。ここでは今注目の園
芸品種を紹介していこう。

GODZILLA

ゴジラ ――――――

Platycerium 'Godzilla'

ビフルカツムをもとにした園芸品種。品種名は、
貯水葉の冠がゴジラのクレストに似ているところ
からつけられた。胞子葉が大きく左右に広がる姿
はとても迫力があり、人気が高い。

HOMURA

ホムラ ————————————

Platycerium bifurcatum 'Homura'

ビフルカツムの園芸品種。立ち葉の選抜で「メラメラ」より胞子葉が長く、炎の姿に似ていることから名づけられた。

MERAMERA

メラメラ ————————————

Platycerium bifurcatum 'Meramera'

ビフルカツムの園芸品種。胞子葉が立ち上がり、胞子がつくとうねり出す。炎が燃えさかる様子を連想させることからメラメラと呼ばれている。栽培環境が整わないとこの特徴が現れない。

LEMOINEI

レモイネイ ─────

Platycerium 'Lemoinei'

フランスのV.Lemoine氏が名付け親。ベイチーに似ているが、葉がより細く長く生長することで知られており、とても丈夫で人気のある品種。

AKKI

アッキー ─────

Platycerium 'Akki'

ベイチーのハイブリッド。切り込みの深い貯水葉と、複数に分岐する胞子葉のバランスが取れていて、迫力のある園芸品種だ。

SWORD

ソード ————————

Platycerium 'Sword'

ワイルドのベイチーとウィリンキーを交配して誕生させた
園芸種。強い光を好み、胞子葉が天に掲げている剣を
連想させることからソードという名前で呼ばれている。

DRAGON CLAW
ドラゴンクロー ──

Platycerium 'DragonClaw'

ヒリーの園芸品種で、葉先が龍の爪のように尖り
ながら反る形状からこの名がつけられている。

MONKEY
NORTH
モンキーノース ──

Platycerium 'MonkeyNorth'

ウィリンキーとベイチーをもとにして作出された品種。繊細な貯水
葉が上向きに展開し、形のよい胞子葉が垂れ下がる。原種双方の
特徴が表現されていて人気がある。

FUJIN & RAIJIN

フウジン・ライジン

Platycerium 'Fujin'   Platycerium 'Raijin'

ヒリーの園芸品種として知られるビカクシダ。
原種よりも葉は短めで波打つようにうねるのが
特徴。日本の神様の名前がついているが、そ
の由来ははっきりしていない。

KYLIN

キリン

Platycerium 'Kylin'

ビリーの園芸品種で、大きな胞子葉が印象的。タイではキリーンと呼ばれているようだが、中国神話に現れる伝説上の動物「麒麟」から名づけられている。

SATTAHIP

サタヒップ

Platycerium 'Sattahip'

バンコク湾の東部最南端にある地名サタヒップからつけられた、ビリーの園芸品種。タイのビカクシダ愛好家のYOTさんの代表作だ。

BIG FORM

ビッグフォーム

Platycerium ʻBigFormʼ

ウイリンキーとビフルカツムの交配種。翼のように広
がる胞子葉が特徴。葉に厚みがあるため、垂れ下が
ることなく、手前に広がる。

PEDRO

ペドロ

Platycerium walinckii ʻPedroʼ

ウイリンキーの園芸品種。アメリカのビカクシダ愛好家で
あるCarlos Tatsuta氏がつくったとされるウイリンキーの
一種。葉先が細長く分岐し、見る人を魅了する。

CELSO

セルソ

Platycerium willinckii 'celso'

ウィリンキーの園芸品種。アメリカのビカクシダ愛好家であるCarlos Tatsuta氏がつくったとされる品種だ。星状毛が多く、白葉のビカクシダとしても有名。

CALM

カーム

Platycerium willinckii 'calm'

ウィリンキーの胞子撒きから選抜された美しい小型種。とても細く繊細な葉先は胞子をつけると外向きにカールする。

RAKE

レーキ ———————————

Platycerium willinckii 'rake'

ウィリンキーの胞子撒き選抜種。細かく分かれる葉先が熊手
を連想させることからこの名前で呼ばれている。

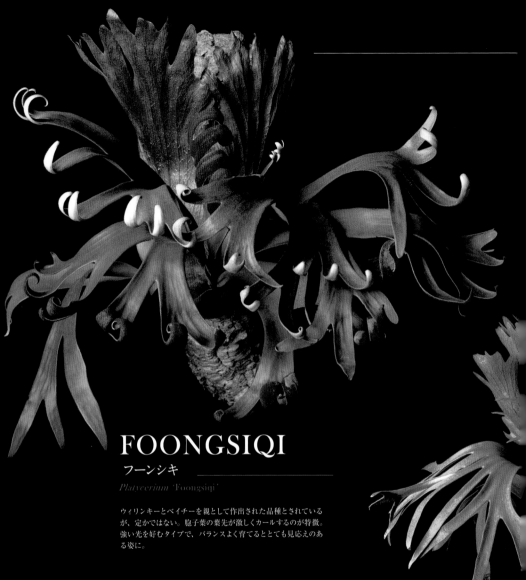

FOONGSIQI

フーンシキ ────────────────

Platycerium 'Foongsiqi'

ウィリンキーとベイチーを親として作出された品種とされている
が、定かではない。胞子葉の葉先が激しくカールするのが特徴。
強い光を好むタイプで、バランスよく育てるととても見応えのあ
る姿に。

SS.FOONG

エスエス フーン ────────────────

Platycerium 'SS.Foong'

Foong氏が作り出した人気の品種。さまざまなタイプがあるように見られるが、
胞子葉が扇状にひろがり多分岐する姿に魅了される。

GHOST
ゴースト

Platycerium 'Ghost'

フーンシキと未発表胞子の交配でつくられた園芸品
種。星状毛が非常に多いため葉が青白く、葉先が垂
れ下がる姿が幻想的で不気味な気配を漂わせること
から、ゴーストと呼ばれるようになった。

SILVER WING

シルバーウイング

Platycerium 'SilverWing'

ベイチーとワンダエの交配種。まだ世界で数株しか出回って
いない希少性の高い品種だ。ワンダエ特有の冠を被り、幅広
い胞子葉が展開する。

MASERATI

マセラティ

Platycerium 'Maserati'

ヒリー 'Pao Pao' とマウントルイスをかけ合わせた
品種。胞子葉は天に向かって立ち上がり、葉先は曲
線を描いて垂れ下がる。完成形の姿はとても優雅で、
力強さと優しさを兼ね備えている。

MT.KITSHA KOOD

キッチャクード ―――――――

Platycerium 'Mt.Kitshakood'

リドレイとコロナリウムをもとにしている園芸品種。日本では古くから人気のある品種で「リドコロ」と呼ばれて親しまれている。写真のキッチャクードは、リドレイの特徴が強く出た個体。

PEWCHAN COMPACT

ピューチャンコンパクト ──────

Platycerium 'PewchanCompact'

ベイチー 'SilverFrond' とウィリンキーで
交配した 'Pewchan' の胞子撒き選抜株。
その名の通りサイズは小さいが、迫力のあ
る草姿に生長する。

CHARLES ALFORD

チャールズアルフォード ―――――

Platycerium 'CharlesAlford'

ワンダエとリドレイから作出された品種。日本ではよ
く知られている園芸種で、人気がある。

DURVAL NUNES

ダーバルヌネス ―――――

Platycerium 'DurvalNunes'

マダガスカリエンセとステマリアの交配種。なかなか
出回ることがなかった幻の品種だが、最近では少し
ずつだが流通するようになってきた。

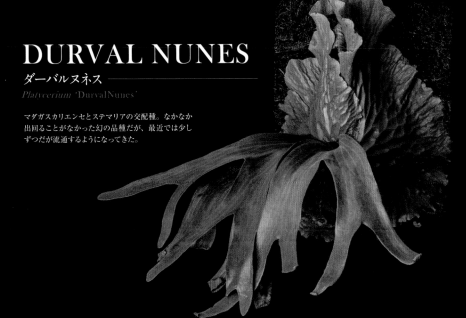

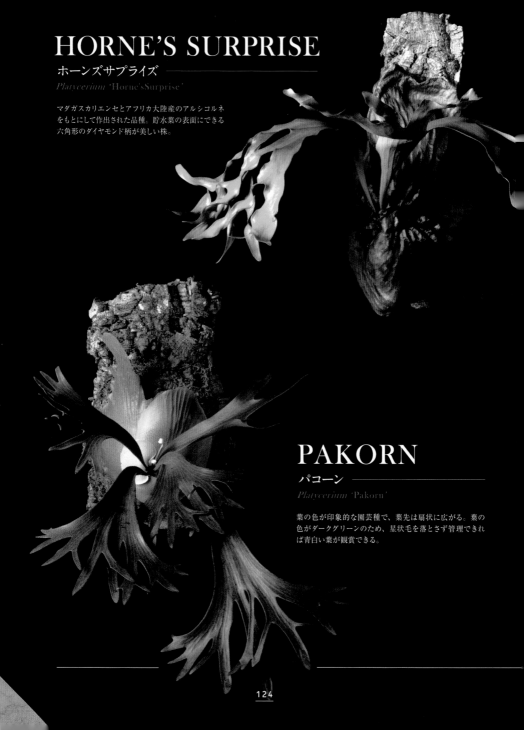

HORNE'S SURPRISE

ホーンズサプライズ

Platycerium 'Horne'sSurprise'

マダガスカリエンセとアフリカ大陸産のアルシコルネ
をもとにして作出された品種。貯水葉の表面にできる
六角形のダイヤモンド柄が美しい株。

PAKORN

パコーン

Platycerium 'Pakorn'

葉の色が印象的な園芸種で、葉先は扇状に広がる。葉の
色がダークグリーンのため、星状毛を落とさず管理できれ
ば青白い葉が観賞できる。

MT.LEWIS
マウントルイス
Platycerium sp. 'Mt.Lewis'

オーストラリア北東部のルイス山に自生しているといわれる謎の多いビカクシダ。細かく分岐するしなやかな胞子葉が特徴。19種目の原種ではないかと騒がれたことのある品種。

園芸基礎用語集

ア行

●亜種 あしゅ
植物の分類単位のひとつ。独立の種として扱うほどの特徴はないが、基準となる系統から見て異なった特徴を持つ種類。

●育苗 いくびょう
タネや胞子をまいてからしばらくの間、苗が生長するまで環境を整えて育てること。

●一年草 いちねんそう
1年以内に親株になり、子孫を残して枯死する草のこと。

●液肥 えきひ
液状の肥料を液肥あるいは液体肥料という。与えるとすぐに効果が表れる速効性のタイプなので追肥に用いる。

●園芸品種 えんげいひんしゅ
交配、選抜などして人為的に作った植物。交配種ともいう。

カ行

●塊茎 かいけい
地中にある茎が肥大化したもの。

●塊根 かいこん
地中にある根が肥大化したもの。

●学名 がくめい
植物や動物などにつけられた世界共通の名前。ラテン語として表記され、属名と種小名によって構成される。

●花茎 かけい
花を咲かせるために出る茎。

●花序 かじょ
複数の花をつける枝全体。

●化学肥料 かがくひりょう
化学的に合成された無機質肥料。チッ素、リン酸、カリを主成分としている。効果が早く表れる速性性と、ゆっくりと長く効く緩効性がある。

●活着 かっちゃく
植え替えた苗や挿し芽をした植物が、発根して新芽を伸ばし、しっかりと根づいて生育すること。

●株元 かぶもと
植物の地際に触れている部分。

●株分け かぶわけ
根株を分割して繁殖させる方法のひとつ。地際から側芽を出す宿根草などの株を複数に分けて殖やす。

●カリ
カリウムのこと。チッ素、リン酸とともに肥料の三要素のひとつ。根の発育を促すことから、根肥とも呼ばれる。

●軽石 かるいし
水はけをよくするために容器の底に入れる素材。

●灌水 かんすい
水を与えること。地表灌水、底面灌水、滴下灌水、頭上灌水などがある。

●帰化植物 きかしょくぶつ
外来植物のうち野生化した植物のこと。

●休眠 きゅうみん
寒いときや暑いときなどに一時、生長を休止すること。休眠中は水やりの頻度を減らしたり、種類によっては断水する。

●鋸歯 きょし
葉の縁がギザギザに切り込まれた形になっているもの。

●群生 ぐんせい
株が殖えてたくさん集まっている状態をいう。種類によって、ひとつの株がそのまま大きくなっていくタイプもある。

●珪酸白土 けいさんはくど
鉢穴のない容器で植物を育てるときに使う。根腐れを防ぐのが目的で根腐れ防止剤とも呼ばれる。

●結実 けつじつ
花が受精して種子ができること。

●原種 げんしゅ
人為的に改良されていない野生の植物。

●交配 こうはい
生物の個体間の受粉や受精のことで、品種改良や育種などのため、人為的にこれを行うこと。

●コウモリラン
ビカクシダの別名。コウモリの羽のような葉姿に由来する。

●固有種 こゆうしゅ
特定の地域にのみ自生している種のこと。

●混植 こんしょく
鉢や花壇などに何種類かの植物を混ぜて植えること。各植物の好む環境、草丈や葉色をバランスよく組み合わせるとよい。

サ行

●挿し芽 さしめ
切り取った芽を苗床に挿して新しく根や芽を出させること。

●シダ植物 しだしょくぶつ
維管束植物で非種子植物である植物の総称。胞子によって殖える。ビカクシダはシダ植物門・シダ網・ウラボシ目・ウラボシ科・ビカクシダ（プラティケリウム）属に分類される。

●遮光 しゃこう
強すぎる直射日光をさえぎったり、和らげたりすること。遮光ネットや寒冷紗、よしずなどが用いられる。

●受粉 じゅふん
花粉が雌しべの柱頭につくこと。

●宿根草 しゅっこんそう
毎年花を咲かせる草花や球根植物のこと。多年草の一種で、生育に適さない時期になると、根を残し地上部が枯れるのが特徴。

●スプーン
ビカクシダのリドレイとコロナリウムで出る胞子嚢専用の葉の通称。

●星状毛 せいじょうもう
葉や茎に生える毛状突起の一種で、星の形のように1か所から放射状に出ている毛。強い日光から身を守り、水分を絡めとるなどの役割がある。

●生長点 せいちょうてん
植物が生長していく組織のある部分。茎の先端や株元など、種類によって異なる。

●節間 せっかん
葉が着生する部分を節といい、隣り合わせの節と節の間のことを節間という。おもに日照不足だと節間が長くなる。

施肥〜

●施肥 せひ
肥料を与えること。

●速効性肥料 そっこうせいひりょう
効きかたの早い肥料のこと。1回で多量に施すと害があるので少しずつ分けて施す。

タ行

●多年草 たねんそう
同じ株から何年も枯れずに生長を続けることのできる植物。

●遅効性肥料 ちこうせいひりょう
効きかたの遅い肥料。油かすなどがある。一度に多く施しても害は少ない。

●チッ素 ちっそ
カリ、リン酸とともに肥料の三要素のひとつ。葉の色を濃くし、生育を促す効果があるので葉肥とも呼ばれる。

●着生 ちゃくせい
植物が木や岩などの表面に固定して生長すること。

●貯水葉 ちょすいよう
ビカクシダの葉の種類。株元から着生した幹に張りつくように出る葉で、外套葉、裸葉とも呼ばれる。

●直根 ちょっこん
太い根がまっすぐに伸びる性質。

●追肥 ついひ
植物の生育期間中に施す肥料。肥料の種類や量、施肥の回数や時期は、1回の植物の種類や生育状況などで異なるが、一般には速効性肥料を用いる。

●徒長 とちょう
日照や養分不足などで、茎がひょろひょろと長く伸びる状態。

ナ行

●ナーセリー
育苗を行っている場所、業者。

●根腐れ ねぐされ
根が腐ること。水の与えすぎなどさまざまな要因が考えられる。

●根詰まり ねづまり
鉢の中で植物の根が繁茂しすぎ、生長に悪影響が出ること。

●根鉢 ねばち
鉢のなかなどで、植物の根と根についた土壌の集まりのことをいう。

●根伏せ ねぶせ
増殖方法のひとつで、生きた根を切り取って土に挿し、発芽・発根させる方法。

ハ行

●培養土 ばいようど
植物の栽培用に赤玉土や腐葉土、肥料分などがブレンドされた用土。

●葉挿し はざし
葉を切りとって土に挿し、根づかせる繁殖法のひとつ。

●鉢植え はちうえ
植物を鉢に植えつけた状態。

●鉢増し はちまし
ひとまわり大きな鉢に植え替えること。

●**葉焼け　はやけ**
強い光線や水枯れによって傷み、葉が茶色に変化してしまうこと。
●**半日陰　はんひかげ**
1日のうち3〜4時間ほどしか日が当たらない場所、もしくは木漏れ日が当たる程度の場所。
●**肥料三要素　ひりょうさんようそ**
作物の生育には16の成分が必要とされており、おもな成分はチッ素、リン酸、カリの3つ。これを肥料三要素という。
●**斑入り　ふいり**
葉や花びら、茎、幹に出る、本来の色と異なる色のこと。植物に斑が出ている状態を「斑入り」という。
●**腐葉土　ふようど**
落ち葉が堆積して発酵分解され土状になったもの。保水性と通気性に富み、他の用土と混合して使われる。
●**変種　へんしゅ**
植物の分類単位のひとつで、基準となる系統からみて違いがある種。亜種ほど際立った特徴をもたない。
●**胞子　ほうし**
シダ植物やコケ類、藻類、菌類などの繁殖細胞。単独で新個体となることができる。有性生

殖の結果できるもの、無性器官内にできるもの、栄養体の一部が分裂してつくられるものなどがある。ビカクシダは胞子培養で殖やすことができる。
●**胞子葉　ほうしよう**
ビカクシダでシカの角のような形状をした葉。多くの種類で先端に胞子嚢をつける。

マ行
●**実生　みしょう**
種子からの発芽によって育った植物。
●**水切れ　みずぎれ**
水が不足、またはゼロの状態のこと。
●**水ゴケ　みずごけ**
湿地に生える蘚苔類を乾燥させたもの。保水力に富み、乾燥を防止するときなどに使われる。
●**元肥　もとごえ**
株の植えつけ時、土にあらかじめ施しておく肥料。

ヤ行
●**有機質肥料　ゆうきつひりょう**
油かす、魚肥などのように、有機質を含んでいる肥料。これに対して化学肥料を無機質肥料という。

●**寄せ植え　よせうえ**
ひとつの容器に複数の種類の株を植え込むこと。

ラ行
●**ロゼット状**
葉が花のように株元から放射状につく植物の姿をいう。
●**ランナー**
親株から伸びる細い茎で決まった間隔で子株をつける。
●**流木　りゅうぼく**
レイアウトなどに用いられる木の天然素材。さまざまな種類や形状のものが販売されている。

ワ行
●**矮性　わいせい**
普段より草丈の低い状態で生育する性質。

INDEX

監修

野本栄一（のもと えいいち）

1967年大阪府生まれ。ビカクシダの輸入・生産・販売を行う「SmokeyWood」代表。「WILDWOOD」という植物イベントを主催するほか、全国で開催されいるイベントにも出店している。ビカクシダの普及のため、InstagramなどのSNSを活用し、フォロアーから「BOSS」の愛称で親しまれている。週に1度、栽培の質問などに答えるインスタライブや、オンラインサロンも好評。ビカクシダ本来の美しさを楽しむため、枝状のコルクや流木に着生させるスタイルを提唱している。

https://baobabu.net
https://www.smokey-wood.net（オンラインサロン）
Instagram　driftwood.smokeywood
YouTube　Smokey Wood

取材撮影協力

ajiannjijii（佐藤定雄）
chan（法花園・近藤隆彦）
kebint
鈴木やよい
佐崎慎一
野町誠

STAFF

表紙・本文デザイン	横田和巳（光雅）
写真撮影	平野 威
編集・執筆	平野 威（平野編集制作事務所）
企画	鶴田賢二（クレインワイズ）

|栽培の教科書シリーズ|

ビカクシダ
独創的な草姿が魅力のビザールプランツ

2021年4月12日　初版発行
2024年9月20日　第4版発行

発行者　笠倉伸夫
発行所　株式会社笠倉出版社
　　　　〒110-8625　東京都台東区東上野2-8-7 笠倉ビル
　　　　☎0120-984-164（営業・広告）
印刷所　株式会社光邦

©KASAKURA Publishing Co,Ltd. 2021 Printed in JAPAN

ISBN978-4-7730-6101-7